MUTTER!!

Betreff: 14TgTagebuch Teil 3 (Mutter-Philosophie)

18.10.21

Wollte erst am DO schreiben, aber mal wieder der aktuelle Anlass...

Mutters Nachbarin hat mich angerufen wegen ihr. War blöd für mich von dieser Nachbarin: Krankenhaus, sie ist verwirrt, Drohung an mich... Sie ist echt blöd mittlerweile... Für mich gleich Alarm, wieder KH angerufen, und Gott sei Dank war nix! Mutter ist an selben Tag wieder zu Hause, sie hatte Blutsturz (Nasenbluten). Sie ist wieder fit! ABER: was ist in der Zukunft? Sie hat echt Schwierigkeiten mit ihrem Hirn (hat sie heute SELBST gesagt), diese blöde selbstherrische Nachbarziege, sie hat Verschiebung mit ihrem Urlaub zum 1. Dezember: aber was macht sie in Fuerte..., im Hinterkopf glaub ich: in Fuerte will sie vereint sterben mit ihrem Mann (beide dann über den Atlantik mit der Asche). Das sind "nur" Szenarien, aber es könnte sein! Ich hoffe, das ich das alles hinkriege, durch meinen Glauben (next Lebensdimension, Licht, Nirvana, die Seele ist unsterblich), denn sie hat Erlösung und ich kriegs wieder hin durch mein Hirn - sonniges Gemüt = sonnige Gedanken!

Vielleicht mal wieder bis 100 von ihr, aber man sollte daran denken, z.T. auch für Dich, z.B. hinfahren nach Schwedelbach wegen dem Testament (ich bin Alleinerbe) und auch für die Frau Wxxxxxx (Finanzen: eine ganze Latte mit Versicherungen, Konten, was weiß ich). Für mich wichtig: GEZ, Magenta...

Wenn ich an das Schwedelbach-Haus denke... Da war totales Leben mit vielen Erinnerungen, Zeiten, Erlebnisse... Wie sie bei einer TV-Show schrill-herzlich lachte, wie Vater immer auf dem Grundstück werkelte/baute - nur 0,000001 % Erlebnisse/Erinnerungen... Nun ist im Haus kein Leben mehr! Natürlich Mutter etc, aber DAS Leben ist nicht mehr da... September 1972 bis jetzt im Momentum 2021! Hab noch ein Tagebuch-Kalender von 1973 (in diesem Haus), die Sommerabende 1974/1975, der legendäre 18. Geburtstag von mir 1977, die legendären SamstagNachmittage und und und - in diesem Haus... An den Zimmerwänden kann man alles erinnern von Genesis bis Pink Floyd, von Rudi Carrell bis Peter Frankenfeld, von Großvater bis A.P. oder D.P. oder M.K...

Juhuu!! Obersturmführer Julian Reichelt von der Bildzeitung wurde rausgeschmissen!! Wegen Machtmissbrauch in Abhängigkeitsverhältnis etc etc!! Es gibt doch noch Gerechtigkeit!

14Tg Tagebuch, Teil 7

23.10.21

Hi Stefan,

das Haus von Mutter ist verkauft!! Definitiv!! 1 x sind wir zwei in Schwedelbach, inkl Testament und "Mitbringsel" wie Sekretär (ist ein Schreibtisch, Du Jungspund, hahaha), Laptop, TV-Gerät, Bücher, was weiß ich... Der Verkäufer ist die Enkelin einer Nachbarin (gegenüber links - Frau Mxxxxx). Es ist noch nichts unterschrieben, da sie noch im Krankenhaus ist, aber es ist seriös, und im Endeffekt Happy End für Mutter, Frau Mxxxxx-Enkelin und ich. Ab 1.12. - wie schon geschrieben - ist sie in Fuerte ewig. Wenn sie eine Krankheitsverzögerung hätte, dann trotzdem alles - dann eben am 8.12. oder 19.12...

Mir gehts irgendwie gut, aber irgendwie positive Energie, gute Wege, Disziplin etc... Heute hab ich Gingium genommen, momentan gut...

Liebe Grüße bis zum Telefon, Gerd

POPULÄRE MUSIK!!

26.10.21

Hallo, meine Liebste :-D Hast Du meine 2 Bücher gesehen? Hab ich für Dich geschickt. Zettel war mit dabei wegen Mutter etc. MfG GFS

Mutter, Gesundheit, Ärztin etc etc - ich mache wieder Kunst, Kreativität, Kultur (KKK):

Ich weiß!! Ich bin HEUTE für die ZUKUNFT!! Trotzdem sind die geilsten Songs aus den 1950ern, 60ern, 70ern, 80ern!! Schon im meinem Bestseller-Buch "Die Story von populärer Musik" meinte ich in einem Kapitel: bis 1992.... Das war's... Natürlich gibt es auch heute (und natürlich bis 2092) vereinzelt gute Musik, z.B. von Massive Attack bis Coldplay! Auch heute noch gibt's Neues von den Stones oder U 2 oder Deep Purple - aber das sind alte History-Heroes! Bei you tube und TikTok haube ich viele historische Videos von den Beatles, Elvis, Stones, Genesis, Pink Floyd, Led Zeppelin, Neil Young etc etc... Da ist viel Zeitgeist, wie im Video "Topsongs 1959". Da weiß man, wie es eben zeitlich 1959 (mein Geburtsjahr) aussah. Charlie Brown, Stagger Lee, Put Your Head On My Shoulder... Da ist viel musikalisches Handwerk - aber heute... In den 1960ern ist Idealismus, Experimentierfreudigkeit, Innovation von Beat, Psychodelic Rock, Folk, Jazzrock, MotownSound etc... Von Sgt. Pepper bis Woodstock! Und heute? In den 70ern große Verzweigungen mit neuen Teeniebands, Disco, Soul, Funk, Hardrock, Jazzrock, Countryrock, Krautrock, Pop etc etc... Die meisten Alben "Die 500 besten Alben aller Zeiten" (Fachblatt Rolling Stone) sind aus den 1970ern... In den 70ern und 80ern, Anfang 90ern (pulse-Pink Floyd-Tour) war sehr viel Geld (immense Light und Lasershows), PlattenfirmaChefs waren Im Endeffekt Fans (Genesis-Progrock 1970 bis 74 war sehr geil, aber heute kannste das vergessen - heute viel Kohle, damals Experimente zur Musik). Da gabs Plattenlabels nur so ohne Kommerz. Heute haste 3 oder 4 Großplattenfirmen und die Plattenchefs sind seelenlose Buchhalter... Oder David Bowie: sein Testament-Album hatte den Titeltrack "Black Star" mit 10:00 Minuten! Warum? Die Streamer meinten: bis 10 Minuten und sonst nix... Heute gäbe es also nie mehr Songepen wie Supper's Ready von Genesis, Echos von Pink Floyd, Close To The Edge von Yes etc etc...

KÖNIG VON DEUTSCHLAND (C P GFS 24.10.21)

Sonnenschein, blauer Himmel, Sonntags, wie immer

Familienausflüge, Erholungen, wie immer

Egal ob 1969, 1977, 1986, 1998, 2005, 2014 oder 2021

Aber Deutschland und die Welt ist gewandelt

Wenn ich König von Deutschland wäre

Wie in den 60ern oder 70ern hätte ich Staatston

Heute heißt es, Freiheit, Selbstverwirklichung

Aber heute mit Egoismus, Ellenbogen

Freiheit ist sehr schön

Aber heute ist egoistische Freiheit

Staatsmainstream, Wokebefehle, Meinungsdiktatur

Aber hey, ich bin ja König von Deutschland

Zwangsimpfung durch Covid 19

Dadurch keine Pandemie

OK, es gibt Impfdurchbrüche

Aber trotzdem für das Wohlbefinden: Zwangsimpfung

Heute wird befohlen was ich sagen darf

Durch Wokebefehle

Ich bin ja ein alter weißer Mann

Also bin ich laut Woke ein Stück Scheiße

Es ist supergeil das alle Menschen machen darf

Egal ob schwarz, weiß, gelb, rot, lila, blau

Egal was für welche sexuelle Orientierungen

Aber durch Woke wird es einfach befohlen

Nicht durch Politik sondern durch Privatleute

Wenn ich König von Deutschland wäre

Da wären Profis in Politik

Mit Wirtschaft, Arbeit, Umwelt, Klima etc

Aber heute sind nur Wortklauberer

Bei Adenauer, Brandt, Schmidt wars gut

Heute nur noch Schrott

Mit Zensur mit alten Büchern, Straßennamen

Oberflächlicher Mainstream überall

Mit Musik, TV-Serien, Filme

Egal ob 1973, 1982, 2013 oder 2021

Mit positiver Energie und einfach lachen

TV-SERIEN!!

26.10.21

Gerd Steinkoenig

21 Std. ·

Mit Öffentlich geteilt

Echt schwierig!! Aus über 50 Jahren (1969 - 2021) meine Top 10 der besten TV-Serien all time:

1. Miami Vice (80er Megakult), 2. Der Kommissar (Deutsche Zeitgeschichte 1969 - 1976), 3. Doctor Who (britische SF-Legende), 4. Dallas (nochmal 80er Megakult), 5. Columbo (= Peter Falk), 6. Star Trek - Deep Space Nine (die legendäre Raumstation), 7. Einsatz in Manhattan (Kojak = Telly Savallas) 8. Sons of Anarchy (geilste Serie des 21. Jahrhunderts), 9. Twin Peaks (will ich ewig sehen in vielen Dimensionen), 10. Tatort: Schimanski (der coolste Bulle all time)! Tja, was meint Ihr?!?

Eni

Columbo, Mord ist ihr Hobby, Diagnose Mord, Unsere kleine Farm, Die Nanny, Tatort mit Jan Josef Liefers, Der Lehrer, Beck, Soko, Kommissar Rex

· Antworten · 17 Std.

Gerd Steinkoenig

 Sind eben nur 10 Serien... Columbo hab ich ja auch! Deine Serien kenn ich natürlich auch! Plus Babylon 5, Die Straßen von San Francisko, Unser Lehrer Dr Specht, Percy Stuart, Follyfoot Farm, Tatort Ballauf/Schenk, Tatort Batic/Leitmayr, Roseanne, Alf und und und...

· Antworten · 9 Std.

Gerd Steinkoenig

Ach ja! Babylon Berlin!!

· Antworten · 9 Std.

Eni

Gerd Steinkoenig die schaue ich nicht, außer Lehrer Dr Specht.

· Antworten · 8 Std.

Gerd Steinkoenig

 Du kennst bestimmt Die Straßen von San Francisko! Aus den 70ern mit dem jungen Michael Douglas...

Gleiche Post bei Gruppe über die 70er Jahre (natürlich ohne Namen)

Oje da wüsste ich keinen Anfang und kein Ende, sind einfach zu viele, auf jeden Fall dabei Waltons, Unsere kleine Farm, Dr. med. Marcus Welby, Das Haus am Eaton Place, Die Profis,

Beverly Hills 90210, Dallas, Denver Clan, Die Straßen von San Francisco,... Mehr ansehen

· Antworten ·

· 21 Std.

Also, ich würde Schimanski auf Platz 1 setzen   . Dann Dallas... Und dann lange nix

Das sind die Serien, die mich als junger Teenie am meisten beeindruckt haben. Dann kam Akte X... Und nichts war mehr wie vorher

· Antworten ·

· 20 Std.

· Antworten ·

· 16 Std.

Dallas Dynasty

· Antworten ·

· 14 Std.

Daktari

· Antworten ·

· 12 Std.

Golden Girls, Kojak,

Bei uns in Österreich der Mundl, Kaisermühlenblues, Dallas, Denver Clan, die Straßen von San Francisco....

Die Nanny

· Antworten ·

· 11 Std.

Das Haus am Eaton Place, Black Beauty , die Zwei, Derrick , die Strassen von San Franzisco, Kojak, Columbo, der rosarote Panther, die Profis

· Antworten ·

· 9 Std.

Miami Vice ist bei mir auch an erster Stelle, aber „Die Straßen von San Francisco" fehlen
Tolle Serie mit Michael Douglas

· Antworten ·

· 9 Std.

Daktari, Dallas, Pan Tau, Kojak, die Straßen von San Fran, der Alte, Derrick, Lassie, Black Beauty und natürlich Columbo

· Antworten ·

· 9 Std.

Gerd Steinkoenig

Verfasser/in

Ihr habt recht! Es gibt sehr viele geile Serien... Babylon Berlin hab ich vergessen! Oder Die Straßen von San Francisko und und und...

· Antworten · 9 Std.

J

Und Der letzte Bulle

· Antworten ·

· 59 Min.

MENSCHEN (C P 28.10.21 GFS)

Liebe, Hass, Vertrauen, Missgunst, Gefühl, Kraft, Stärke mit Muskeln, Stärke mit Hirn, Geist, Licht, Seele, Körper, Verzweiflung, Angst, Freude, Verstand, Disziplin, Neugier, Gier, Gerechtigkeit, Ungerechtigkeit, Unterstützung, Gesundheit, Sicherheit, Arbeit, Arbeitslosigkeit, Einsamkeit, Gesellschaft, Macht, Kultur, Bildung, Wirtschaft, Wissenschaft, Politik, Geld, Eifersucht, Sex, Trieb, Energie, Sport, Freizeit, Hobby, Musik, Lebenssinn, Religion, Kunst, Recht, Pflicht, Egoismus, Gutmensch, Schlechtmensch, Verstand, Horizont, Hilfe, Umweltliebe, Umwelthass, Tierliebe, Tierhass, Zweisamkeit, Treue, Erfolg, Spaß, Ernst, Gelassenheit, Reinheit, Mut, Wille, Eigenleben, Eigenschaft, Kampf, Selbstvertrauen, Vernunft, Vergänglichkeit, Gewalt, Krieg, Frieden, Freiheit, Freundschaft, Lebensdimension, Lebenskünstler, Zeitensammler, Nahrung, Krankheit, Kleidung, Scham, Dekadenz, Selbsthilfe, Betreuung, Helfer, Familie, Kinder, Senioren, Jugend, Frauen, Männer, Vater, Mutter, Bruder, Schwester, Untreue, Ehe, Scheidung, Schule, Ausbildung, Beruf, Berufung, Beratung, Studium, Weiterbildung, Literatur, Gott, Teufel, Ahnung, Vorahnung, Intelligenz, Dummheit, Verschwörung, Geschichte, Zeit, Verständnis, Verhalten, Kritik, Anregung, Vergangenheit, Gegenwart, Zukunft, Forschung, Fortschritt, Diskussion, Differenzierung, Impuls, Bedeutung, Information, Unterhaltung, Unterkunft, Wohnung, Schlaf, Traum, Ruhe, Unruhe, Essen, Trinken, Leben, Werte, Worte, Vorbild, Entwicklung, Entscheidung, Mord, Totschlag, Verbrechen, Verantwortung, Unvernunft, Toleranz, Untoleranz, Menschenrechte, Unrecht, Nest, Umarmung, Kuss, Treffen, Date, Lachen, Weinen, Trauer, Ekstase, Erholung, Erlebnis, Erkenntnis, Erinnerung, Moral, Unmoral, Melancholie, Humor, Sarkasmus, Satire, Sturheit, Starrsinn, Analyse, Beschreibung, Plan, Ziel, Lösung, Tatendrang, Lebensfreude, Tag, Nacht, Erde, Mond und noch 1000000000000000 weitere Stichworte = MENSCHEN!!

Teil 2... Aus diesem Buch... MENSCHEN TEIL 2... Später waren beim Einschlafen diverse Stichpunkte,,, Nicht aus dem facebook, da ich gefühlte 100 Weilterleitungen hatte (Messenger)...

Geduld, Gewinn, Verlust, Skrupellosigkeit, Skupel, Entdeckung, Experiment, Idealismus, Sehnerv, Hörnerv, Sieben Sinne, Neun Leben, Nervensystem, Kreislauf (System), Kreislauf (Weltraum/Leben), Philosophie, Psychologie, Physik, Chemie, Biologie, schreiben, lesen, rechnen, Anfang, Ende, Zeitlinie, Sugession, Universum, Glaube, Atem, Herz (Organ), Herz (Liebe, Lyrik, Prosa), Furcht, Ehrfurcht, Ehre, Nötigung, Vergewaltigung, Vereinigung, malen, zeichnen, skizzieren, handwerken, Daten, Computer, Telefon, Smartphone, Tablet, Biografie, Tagebuch, Seelenverwandte, Paralelluniversum, Schwarzes Loch, Dokumentation, Film, TV-Serie, TV-Show, Aufstand, Revolution, Demokratie, Diktatur, Stoffwechsel, Gnade, Herausforderung, Sieg, Niederlage, Freiheitsentzug, Wald, Sonne, Himmel, Eskalation,

Deeskalation, Prüfung, Genuss, Pflege, Gespür, Sensiblität, Konzentration, Vergesslichkeit, Demenz, Zensur, Gewissen, Gewissenhaftigkeit, Sakrileg, Tugend, Spiel, Heimat, Kleinbürger, Weltbürger, Diversität, Standhaftigkeit, Extreme, Schadenfreude, Tanz, Respekt, Glück und noch 10000000000000000000 weitere Stichpunkte... (=MENSCHEN)

Kontrolle, Hoffnung, Wissen, positive Vibration, Wirkung, Wärme (Temperatur), Kälte (Temperatur), Wärme (2 Menschen sind eins), Kälte (Hassgefühl), Inspiration, Zeitgeist, Mentalität etc etc... MENSCHEN Teil 3 mach ich jetzt mal nicht... Interessant wie vielfältig Menschen sind! Menschen können so geil sein, aber leider durch Bullshit.. Fucking Human Nature... Ach ja, kann ich noch schreiben: Humanismus, Interesse, Vielfältigkeit, Genozid, Sklavenhaltung, Psychoterror, Terror, Mode, Generationen, G-Punkt...

Schöne Kritik von meiner fb-Freundin Ed. St.

Danke dir lieber Gerd...Deine Ausdrucksweise ...Formulierungen...begeistert mich...und vor allem dein Wissen! Beneide dich darum....das kann nicht jeder....dicken Kuss zurück

-----

Ich glaube "Harmonie" hab ich vergessen! HARMONIE!!!!

31. Oktober 2016 ·

Mit Öffentlich geteilt

Loxxx Sixxx Katxxx Dejxxx Floxxx und all Ihr anderen Lieben   Bin schon zurück vom Arzt, so schnell geht das in einem gemütlichen Örtchen wie meinem... Eigentliche Arzt erst morgen wieder da wegen Reformationstag, in der gleichen Straße mein "Ersatzarzt", der bestätigte meine Selbstdiagnose: Nerv eingeklemmt! Jetzt hab ich mal Schmerztabletten (ich weiß, was Ihr schreiben wollt, aber ich brauch die jetzt!!!), die Theraphie zur Lösung des Nervproblems macht dann morgen mein eigentlicher Arzt (der ist am Feiertag da, hatte ja heute frei...). Dann beim sonnigen Morgen Kollegin vom ehemaligen Job im Seniorenheim getroffen und geklönt, dann Apotheke (Schmerzmittel), dann Bäckerei(Süßes statt Saures, hahaha), dann Kiosk (Rolling Stone mit R.E.M. Vinylsingle, plus weiteren Tipp wegen Rücken) - ist ja alles innerhalb von 70 bis 100m oder so   Ich liebe mein schönes Annweiler am Trifels

Und jetzt positive Gedanken für positive Zukunft, die Enttäuschung mit dem Job im Heim den es wohl nie gab vergessen machen, mich auf den SpringerJob im ambulanten Pflegedienst konzentrieren - wie ich gestern in der Notiz schrieb: meinen Weg gehen, Träume und Ziele verwirklichen. Aber nun erstmal meinen armen Rücken pflegen, Süßes futtern, Rolling Stone lesen, gute Musik, chillen ❤

In einem Jahr war ich mittendrin in "meiner" Alzey-Klinik wegen Schlaganfall (Mediainfarkt)... Ich hatte Ischias - bis in die Klinik!! Erst dann wars weg. Es war wohl Vorahnung vom Körper, wahrscheinlich durch den Beginn mit der Aderstopgung. Da war wohl nur ein bisschen und der Körper wusste das (oder Geist, oder Seele). In den letzten Wochen vor dem SChlaganfall hatte ich tatsächlich Sauerstoggmangel in meinem Gehirn! Als Dokumentation (irgendwie durch die Blume oder zwischen den Zeilen) hatte ich meine ISBN-Bücher 6 und 7 gearbeitet: Liebe ist alles, Music Was My First Love! Da wollte ich anscheinend ALLES machen oder wollen oder müssen. Weil das Hirn wohl wusste, in ein paar Wochen ist die Ader verstopft... Da waren diverse Vorahnungen, z.B. zum ISBN-Buch DANACH (Buch 8) oder mein no isbn-Buch Das Eichhörnchen aus der Dimension. Mein Vater war als Schutzengel oder Geist bei mir in meinem Zimmer, ging an mein Bett und tippte mit seiner Hand an meiner Schulter.. Als Warnung?? Es ist meine positive, besondere Prügung zu meinem Leben! DANACH IST BESSER ALS DAVOR!! (31.10.21)

KONZERTE...

Saturday, September 4, 1982 Golden Summernight Festival 1982 #1 Setlists

Rheinwiesen, Wiesbaden

April Wine

Cheetah

Jethro Tull

King Crimson

Michael Schenker Group

Neil Young

Ich durfte es erleben!! Von der Reihenfolge her, waren die letzten 3 Gigs King Crimson, Jethro Tull, Neil Young. Natürlich waren es DIESE Gigs mit diesen 6!! Jethro Tull hatte ich vor Wochen in der Halle erlebt, Neil Young hatte ich vor Wochen in der Halle erlebt!! Waren viel US-Amerikaner dabeu und eine Runde Pfeife mit "Dingens" und dann kam ER!! NEIL!! Ein Typ wollte vordrängeln und ein Ami meinte: Hey, coool, it´s Rock n Roll! Das Konzert wurde anders wegen dem Wetter. In der Halle vor Wochen war voller Grunge (ääh, das Wort kannte noch keiner, erst in den 90ern...), beim Open Air war aufeinmal viel Regen. Es war 1982... Von der Technik daher, spielte Neil Acoustic Songs ala Lagerfeuer-Romantik (mit meinem stonenden Kopf, herrlich). Dor., M.K., R.N. waren dabei.

here: setlist.fm > Artists > G > Genesis > June 20, 1987 Setlist

JUN

20

1987

Genesis Setlist

at Maimarktgelände, Mannheim, Germany

Tour: Invisible Touch World Tour Tour statistics Add setlist

Setlist

SHARE SETLIST

Mama

Play Video

Abacab

Play Video

Domino

Play Video

That's All

Play Video

The Brazilian

Play Video

Cage Medley

In the Cage

Play Video

...In That Quiet Earth

Play Video

Afterglow

Play Video

Land of Confusion

Play Video

Tonight, Tonight, Tonight

Play Video

Throwing It All Away

Play Video

Home by the Sea

Play Video

Second Home by the Sea

Play Video

Invisible Touch

Play Video

Drum Duet

Play Video

Los Endos

Play Video

Encore:

Turn It On Again

(medley)

Ich durfte es erleben mit An. P. im Maimarktgelände in Mannheim! Ihr kennt ja die Invisible Touch-Videos: totale 80er Mode - Phil Collins war nie so geil, wie aus dieser Tour, lach... Viel Pop, wenig Progrock aus den 70ern, aber geile Show!! Und nach dem Konzert hatte ich ewig nach meinem Auto gesucht - obwohl schon am Anfang An. P. meinte, da wäre das Auto...

Hach, hab das Konzertplakat gesehen und das Ticket von Genesis!! Herrlich, diese Erinnerungen wieder zu sehen... Irgendwie gleich vertraut, aber es ist eeeewig... 1987... Und die Konzerttickets waren sehr individuell künstlerisch. Heute mal wieder computer-technisch uniformiert - immer das Selbe... Einerseits ist Internet scheiße, andererseits ist Internet megageil: meine ISBN-Bücher (self-publishing), diese Konzertinfos, das Plakat, das Ticket, mit facebook und Co - alles durch Internet...

PINK FLOYD 1988-06-18 Maimarketgelande Mannheim, West Germany

101 Shine On You Crazy Diamond I-V 00:00

102 Signs Of Life 11:50

103 Learning To Fly 15:52

104 Yet Another Movie-Round And Around 21:40

105 Sorrow 28:43

106 Dogs Of War 38:27

107 On The Turning Away 46:28

108 On Of These Days 55:48

109 Time 1:02:58

201 On The Run 1:08:39

202 The Great Gig In The Sky 1:12:07

203 Wish You Were Here 1:16:51

204 Welcome To The Machine 1:22:04

205 Us And Them 1:30:21

206 Money 1:36:57

207 Another Brick In The Wall Part 2 1:48:11

208 Comfortably Numb 1:54:01

209 One Slip 2:04:41

210 Run Like Hell 2:10:45

Internet-Recherchen sind geil! Das hab ich eben von you tube!! EHrlich gesagt, Ton schlecht, aber hey, mein Konzert von you tube!!!! Damals auch mit An. P.

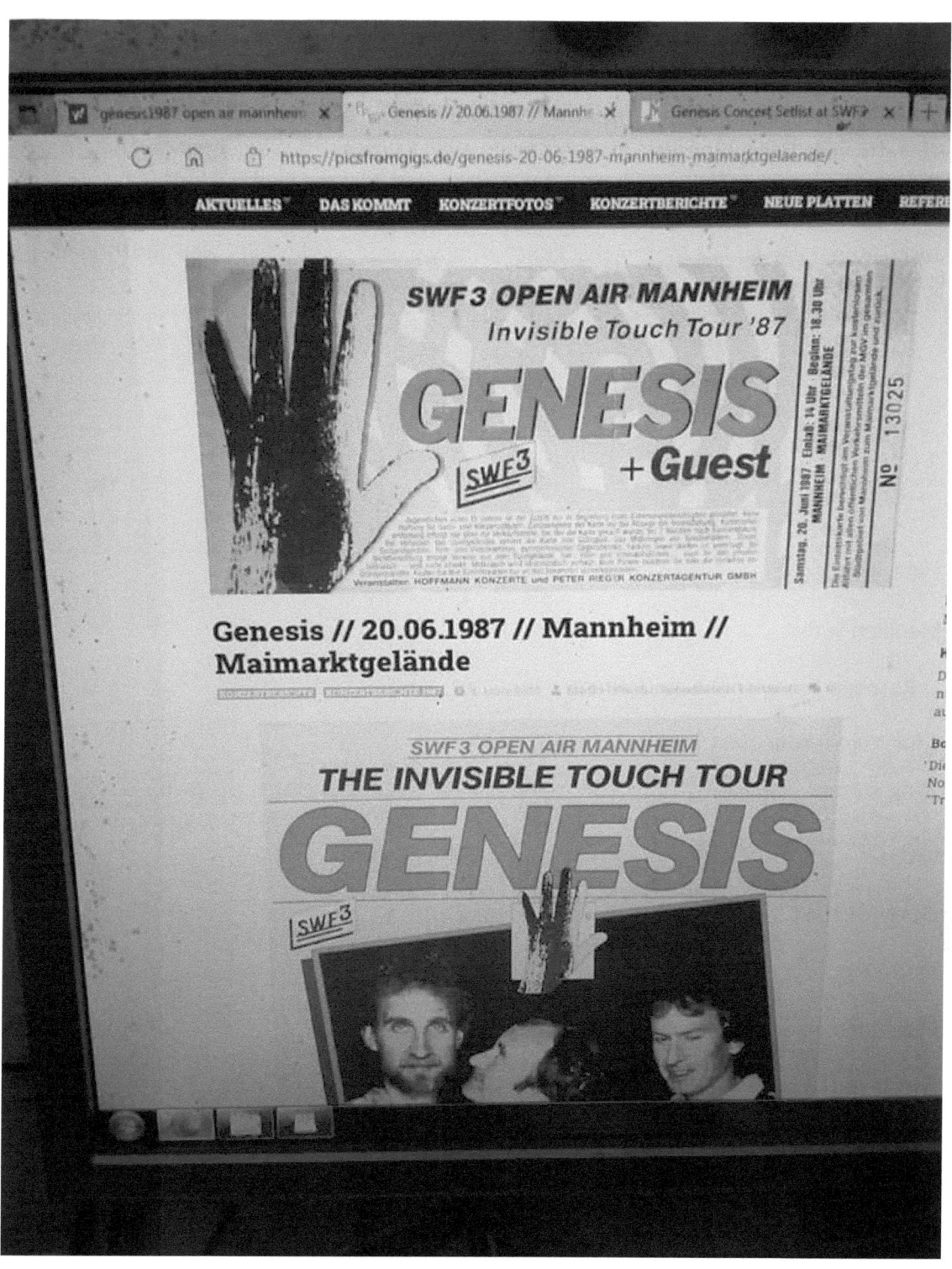

SWF3 OPEN AIR MANNHEIM
Invisible Touch Tour '87

GENESIS
+Guest

SWF3

No 13025

Genesis // 20.06.1987 // Mannheim //
Maimarktgelände

SWF3 OPEN AIR MANNHEIM
THE INVISIBLE TOUCH TOUR

GENESIS
SWF3

19

Ich hatte viele Hallen-Konzerte, aber Marillion 1984 ist mega!!!! Wieder in Mannheim, diesmal Rosengarten-Halle. Sie hatten nur 2 Alben und die Fans immer wieder "Zugabe" und "We Want Fish". LIcht ist da, die Rowdies machen ihren Job und 1/3 der Fans - natürlich ich auch - immer wieder Zugabe Zugabe. Punch & Judy wurde wiederholt - weil nur 2 Alben... Sehr geiles Konzert mit dem Mega-Highlight "Forgotten Sons"!

JUL

3

1984

Marillion Setlist

at Rosengarten, Mannheim, Germany

Tour: Fugazi Tour 1984 Tour statistics Add setlist

Setlist

SHARE SETLIST

Assassing

Play Video

Punch and Judy

Play Video

Jigsaw

Play Video

Script for a Jester's Tear

Play Video

Emerald Lies

Play Video

Cinderella Search

Play Video

Incubus

Play Video

Charting the Single

Play Video

He Knows You Know

Play Video

Fugazi

Play Video

Forgotten Sons

Play Video

Garden Party

Play Video

Market Square Heroes

Play Video

Chelsea Monday

Play Video

Punch and Judy

MOTIVATION mit positiver Energie... Wieder Worte zu meinem Kapitel MENSCHEN in diesem Buch...

21

Immer noch!!? Vor einem Jahr:

1. November 2020 ·

Mit Öffentlich geteilt

NOVEMBER RAIN... Bald Bürgerkrieg in den USA... Covid19Diktatur in D... Danach wird anders als vorher!!

Respect (Aretha Franklin)

Gerd Steinkoenig

1. November 2016 ·

Mit Öffentlich geteilt

Gesehen bei der lieben An Wi ❤

Der Respekt

"Wenn ein Zweig erblühen will

muss er seinen Wurzeln

Ehre erweisen."

Sprichwörter der Frauen in Burkina

Aus aller Welt - jeden Tag und Nacht! Facebook mit guten Freundinnen mit Unterhaltungen und Flirts, Tik Tok Livevideos mit mittendrin-Tätigkeiten, Twitter mit Satire und Politik mit Kamala oder Lutz, Instagram Fotos, YouTube Listen etc etc in Germany, Austria, South America, USA, Netherland etc... Eine Frau tanzt jedesmal beim 80er Sound bei Tik Tok, bei Instagram hab ich auch meine regionale aktuelle Infos, bei Facebook hab ich meine vertrauten ewigen Leuten... Die Welt ist ein Dorf durch das Weltnetz, we are the world! Ich bräuchte nur noch eine Freundin... HAAALLOOOO!!

Natürlich ist alles gut im Momentum! Aber das 21. Jahrhundert... Es gab auch im letzten Jahrhundert scheiße durch WW I, WW II, Vietnam, Kalter Krieg etc etc... Aber im 20. Jahrhundert war Respekt, Solidarität, Gemeinschaft, Menschlichkeit, Individualität etc! Mittlerweile ist nur noch Uniformierung, Propagandamainstream, Sprachpolizei, Woke,

Meinungsdiktatur, ohne Individualität... Im 20. Jahrhundert war öfter Idealismus, Experimente, Wagmut - heute Gleichgültigkeit, Oberflächlichkeit, Schwarmdummheit durch Medien... Früher The Beatles, heute Helene Fischer, früher Brigitte Bardot, heute Daniela Katzenberger, aaaargh...

1973! MEIN JAHR! Zum Bsp Musik! Die geilste Musik ever!! Alben wie The Dark Side Of The Moon (Pink Floyd), Selling England By The Pound (Genesis), 1962-1966 und 1967-1970 (The Beatles) - meine 3 Superbands... Desweiteren: Who Do You Think We Are (Deep Purple), Aladdin Sane (David Bowie), Time Fades Away (Neil Young), Yessongs (Yes), Alles klar auf der Andrea Doria (Udo Lindenberg), OverNite Sensation (Frank Zappa), A Passion Play (Jethro Tull), Band On The Run (Wings) etc etc etc... 1973!! Und Gassenhauer aus jenem Wunderjahr aus meinem Leben: Angie (Rolling Stones), Ballroom Blitz (Sweet), Merry XMas Everybody (Slade), Can The Can (Suzi Quatro), Rock Me Baby (David Cassidy), Nutbush City Limits (Ike & Tina Turner), No More Mr Nice Guy (Alice Cooper), Children Of The Revolution (T. Rex), Wildes Wasser (Juliane Werding), Der Junge mit der Mundharmonika (Bernd Clüver), Mama Loo (Les Humphries Singers), Radar Love (Golden Earing), Whiskey In The Jar (Thin Lizzy) etc etc etc... 1973 Forever!!

KLEINE GALERIE

Das Ego ist ungeduldig, denn es weiß, seine Zeit ist begrenzt.

Das spirituelles Selbst ist geduldig, denn es weiß, es ist ewig.

Tattva Viveka – Zeitschrift für Wissenschaft, Philosophie und spirituelle Kultur – www.tattva.de

MENSCHEN... Weiteres Wort... Demut!

KONZERTE Teil 2

Nach den 2 Genesis-Fotos bei facebook (Konzerte-Kapitel in diesem Buch) hatte ich diesen Dialog und hab für mein Buch meine erlebten Konzerte:

Be Pr Genesis Konzert war ich mal war Echt Super

· Antworten · 13 Std.

Gerd Steinkoenig Meine Lieblingsband! Leider ohne Peter Gabriel und Steve Hackett aus den 70er Progrock-Zeiten. Aber es war echt sehr geil!! Ein Jahr später hatte ich Pink Floyd gesehen - auch wieder Maimarktgelände MA... Leider ohne Roger Waters - aber wieder geil...

· Antworten · 12 Std.

Be Pr Ich war auch bei Pink Floyd

· Antworten · 12 Std.

Be Pr

War Echt Super

· Antworten · 12 Std.

Gerd Steinkoenig

Suuuuper Be Pr Ich hatte noch Jethro Tull (3x), Neil Young (2x), Marillion, U 2, BAP, Udo Lindenberg, Spliff, Stevie Wonder, Helen Schneider, Blue Oyster Cult, Peter Gabriel, Steve Hackett, Manfred Manns Earthband etc etc...

Be Pr

Wow!

Hatte weitere Konzerte von John Kincade (das allererste Konzert in der Tanzschule Metzger-Zöller in KL) bis Vanden Plas etc. Weitere Erlebnisse bei meinen diversen ISBN-Büchern (z.B. das göttliche Konzert von der schwedischen Band Tribute, Umsonst- und Draußen-Festival Rockenhausen) etc... Ach ja, Peter Maffay 1982 war auch dabei (Eisstadion Mannheim, war sehr geil! Inkl. dem damaligen Supertramp-Saxofonist!). Und noch Fischer Z im Flash KL (Red Skies Over Paradise!!), Anyone´s Daufgter, Bernie´s Autobahnband (3x) etc etc...

DIE SUCHE...

Kleiner Ausschnitt aus dem Messenger, mit einer liebevollen Frau (Dialoge seit vielen Monaten)!!!! Hoffnung, positive Zukunft, Liebe!!!! Oder nur Online-Traum??

16:14

Du hast Folgendes gesendet:

Ich muss russisch lernen: Liebe Gefühl Gespür Vertrauen Ehepaar xxxxxx xxxxxx Küssen

Du hast Folgendes gesendet:

16:57

Zh Ka

Danke für den Respekt. Ich muss deine Sprache lernen, um mit dir zu kommunizieren

20:08

Du hast Folgendes gesendet:

"xxxxxx" (German) in Russian is

половое сношение

Du hast Folgendes gesendet:

"wir spüren uns" (German) in Russian is

мы чувствуем себя

Zh Ka

Du bist mein Lehrer

22:34

Du hast Folgendes gesendet:

Du bist mein Lehrer, lach   Ich sollte die kyrillische Schrift lernen! Wir lehren uns gegenseitig mit Sprache, Liebe, Harmonie, Respekt, xxxxxx, Vertrauen, Verständnis, Verhalten, Gefühle, Geduld, Ruhe ❤ ❤

Zh Ka Guten Morgen Gerd. Vielleicht bist du schneller, als ich lehre. Sie sind ein kluger Mann.

10:32

Du hast Folgendes gesendet:

Guten Morgen, liebste Zh Ka ❤   Wir sind eine Symbiose, wir sind EINS

Du bist meine kluge Frau ❤

11:32

Zh Ka

Danke

Gerd Steinkoenig

20. Oktober um 19:59 ·

Mit Öffentlich geteilt

Gefundener Einkaufszettel zum Urlaub 20?? Von Vater (R.I.P. 2017)... Die vertraute Schrift...

Mama
Lidl „Fische"
___
Cervezas   3 Lagen
Brandy   2x   ~~whisky~~ Whisky
Crema (Körperlotion)
Deo-Roller
Kaffee/Filter   4x   Weißwein?
Milch
Zucker
Marmelade
Brot / Käse
Toilettenpapier / Servietten / Küchenrollen
Wurst / Käse / Brötchen
~~Streichhölzer~~
~~Watte~~
Backpapier
~~Rasierschaum~~
Sonnenschutz

MUTTER!! Teil 2

Mittlerweile steht fest, das ihr (unser) Haus verkauft wird (ich nehm an, diese Woche). Ihr geht es gut, auch medizinisch ist sie gut. Ich hoffe, das keine Klinik mehr ist (wenn doch, dann später nach Fuerte). Und dann eben normal ab 1.12. Fuerteventura. Es ist auch für mich ein positives Kapitel. Nur theoretisch könnte ich nach Südniedersachsen, Wien, Moskau ziehen, da ja Mutter nicht in Deutschland ist. Für Mutter war ich in ihrer Nähe (wo Vater nicht irdisch ist).War nur im Momentum mit meinen fb-Freundinnen wegen Moskau, Wien, lach... Aber trotzdem, z.B. - wahrscheinlich realistisch - könnte ich nach Mannheim ziehen! Meine 80er Wahlheimat Monnem... Oder doch ewig in Annweiler und Umgebung... Klingt irgendwie blöd, aber ich bin kurz vorm 62. Geburtstag... Wahrscheinlich hab ich keine 50 Jahre, hahaha... Daher DEN Traum realisieren: endlich wieder meine Freundin, oder Hobbyjob, richtiger Job, einfach mitten im Leben! Vom Geld her, hat Mutter einen guten Job für mich gemacht. Ich hoffe, das Frau Exxxx einen guten Job macht (nur ein Insider, lach)... Und natürlich immer meine Gesundheit! Kampf, Mut, Wille, Disziplin, Reinheit, Gelassenheit, Gesundheit... Ist auch bei meinen MENSCHEN-Kapiteln...

Auch bei meinem Menschen-Worten: Zorn, Wut, Blutrausch... Ist ja Menschen Allgemein....

Ich hab meine innere Ruhe! Einfach lachen...

MENSCHEN (02.11.21 by GFS)

Geilheit, Geldgeilheit, Machtgeilheit

Zerstörung, Naturzerstörung, Klimazerstörung

Liebe, Eigenliebe, Eifersucht

Saurier, Menschen, die nächste Spezies

Gott & Teufel, Ying & Yang, Liebe & Hass

Hoffnung, Traum, Horizont, Anmut

VOR 11 JAHREN...

Gerd Steinkoenig

2. November 2010 ·

Mit Deine Freunde geteilt

Herzliche Grüße an alle facebook-FreundInnen in aller Welt   Best Wishes to Munich, Berlin, New York, Los Angeles, Nairobi, London, Kaiserslautern and Good Luck to all the other citys from my facebook-friends   Cool Week and Good Times, dear friends!

VINYL!!

Ich hatte ca 1000 Vinylalben, leider hab ich nix mehr (Dezember 2017, der 1. Monat nach der Klinik/Schlaganfall/Mediainfarkt). Hab noch diverse Albumcovers und hab tatsächlich einige Vinyls (plus Singles). Immer wieder Aderlass... Vorher Aderlass mit Zeitmappen (hab aber noch meine Jahrhundertmappe), usb-Sticks, Musikhefte (hab aber noch sehr sehr sehr viele Musikhefte) etc...

Fotos von 2014

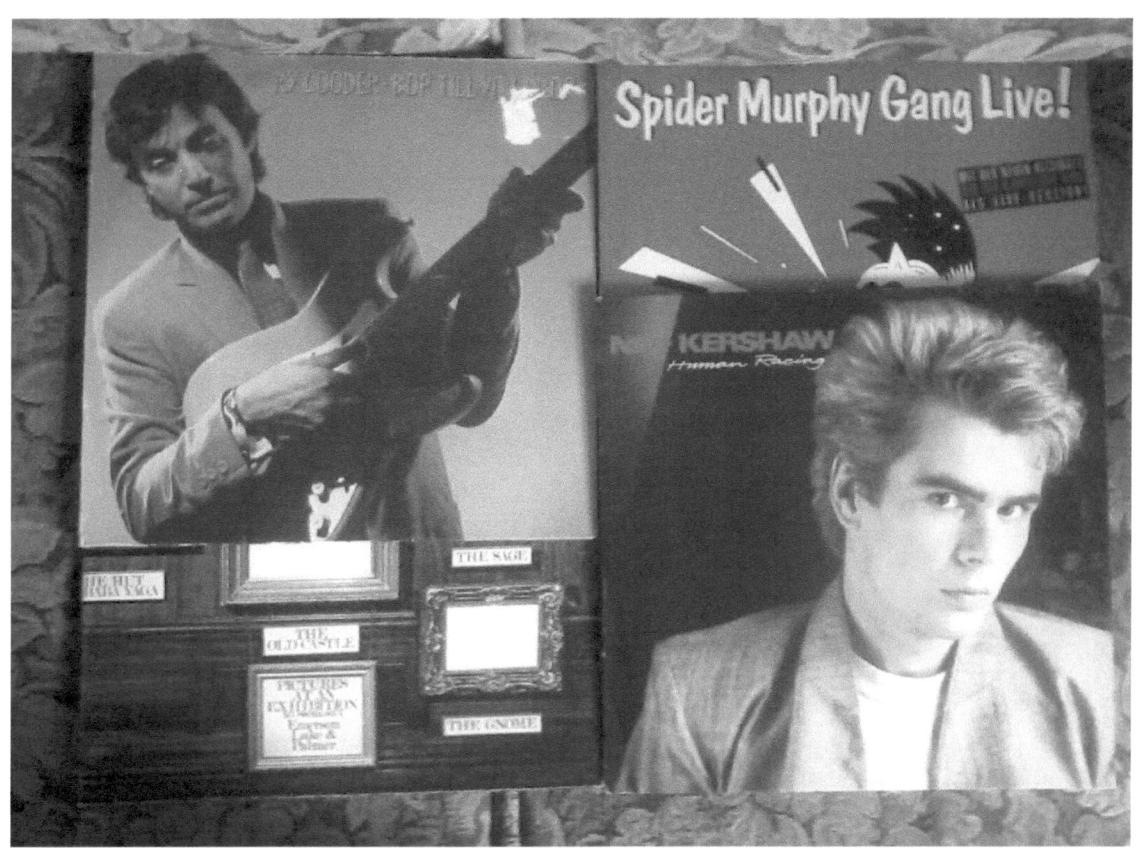

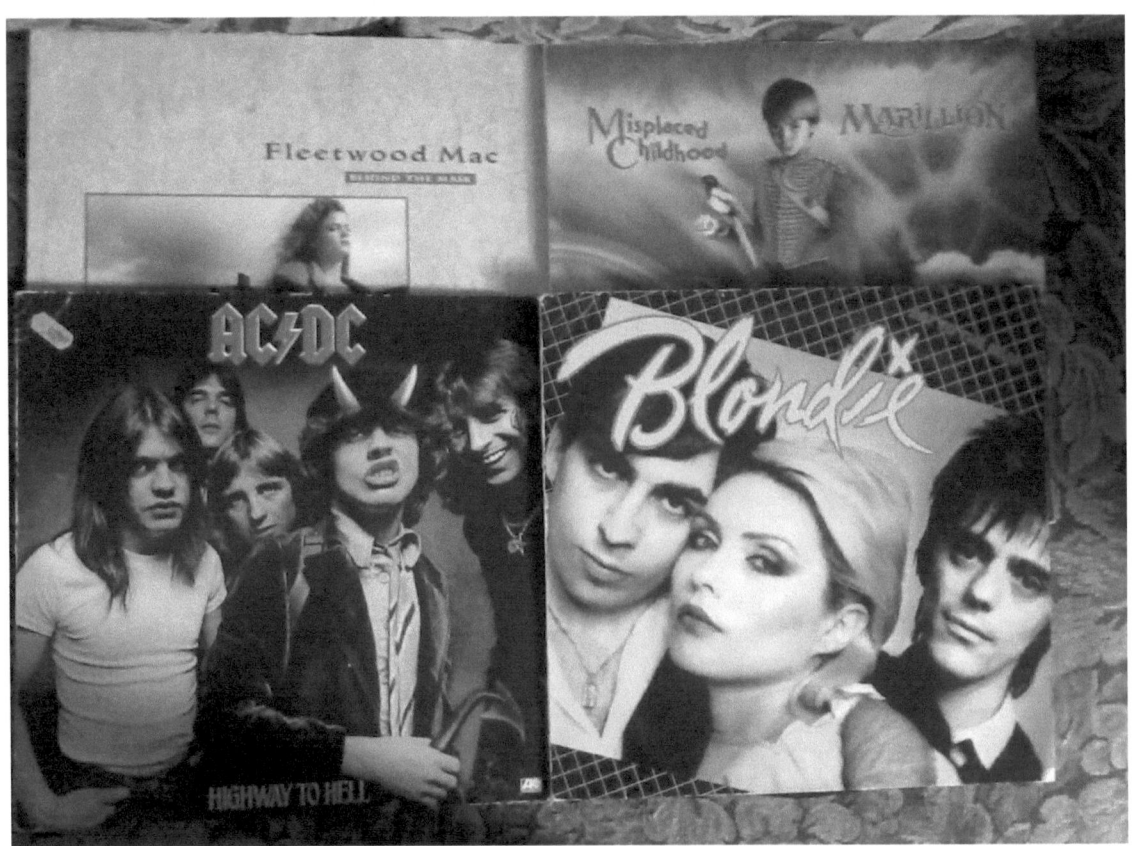

Bei den Vinyls sind gleich wieder: Erinnerungen... Lilienthal war einer meiner ersten Konzerte, war in KL, ich glaube Theodor-Zink-Museum Anfang der 1980er. Budapest von der Earthband war DIE Tournee, wo ich mein Konzert erlebt habe. Bettina Wegner = Juliane von St. Julian (und total die echte Stimme von ihr den Song "Der Spinner" von der Nina Hagen Band, Marillion klar, Blondie PowerPop, Nik Kershaw = New Romantic (in Mannheim gewohnt, in Heidelberg abends ausgegangen, und viele Discos mit Nik Kershaw, Gazebo (I Like Chopin!!!!), Depeche Mode, The Catch, Spandau Ballet, Howard Jones, Eurythmics etc...), Fleetwood Mac sowieso etc... Hach, und meine Neil Young-Vinyls, snief...

GEHIRNTUNNEL

Positive Energie, meine positive Gegenwart für meine positive Zukunft, erwachsene

36

Vernunft! Hirnsugessionen/Einbildungen/da iss nix/oder doch... Nachwehen nach meinem Schlaganfall... Alles ist gut, Tatendrang und dann doch mit den Tagmorgen endlich anfangen! Ablenkungen, "denk net soo viiel" (frühere Arzt Dr. N) - ich weiß es, und dann doch... Ich weiß Bescheid: starker Geist, Körpervertrauen, Seelevertrauen, Geistvertrauen, Selbstvertrauen - aber dann doch mit Unsicherheit, Blues, Einbildung, Angst vor Schlaganfall oder Epilepsie! Daher geh ich nun endgültig zur Psychotheraphie! Damit ich mein Leben leben kann, mitten im Leben!

GOLDENE GERD-AWARD!

Nur eine Spielerei, aber doch irgendwie logisch nach 25 Büchern und diesem "inoffiziellen Buch"... Ich hab meine 25 ISBN-Bücher plus weitere no isbn-Bücher auf you tube und facebook (Videos). Und nun eben das "Nichtbuch", lach...

Diese ganzen Bücher ist EIN Buch!! Alles verteilt in diversen Büchern, aber EINS!

Zum Beispiel meine Vinyl-Alben (z.B. Farbfotos bei "Music Was My First Love"), diverse Songs (z.B. Songliste-Kapitel bei "Blood On The Rooftops"), 30 Lebensalben aus Alzey-Klinik (z.B. aus "Danach"), Jahrzehnte-Alben/kategorisiert pro Jahrzehnt von 1960er bis 2000er (aus "Blood On The Rooftops"), TV-Serien (z.B. aus "Blood On The Rooftops"), Prosaen und Lebensphilosophie (z.B. aus "Blood On THe Rooftops", "Liebe ist alles", "Danach", "Fühlen"...), meine Fotos (z.B. alle Titelbilder aus allen Büchern sind von mir) etc etc etc.

MENSCHEN - Eltern

SEELENVERWANDTER - Großvater (1895 - 1987)

SEELENVERWANDTER PROMI - Neil Young

FARBE - blau

AUTO - VW Käfer Cabriolet

FREUNDIN - An. Pi. (1987 - 1992)

GÖTTLICHE MOMENTE - meine Queen S.K. (Alzey-Klinik)

LIEBLINGSSTADT GESEHEN - Avignon (Frankreich) 1986

LIEBLINGSSTADT TRAUM - New York City (USA)

MUSIKBAND - Genesis

SÄNGERIN - Kate Bush

SÄNGER - David Bowie

TV-SERIE - MIami Vice

FILM - Das Schweigen der Lämmer (Jodie Foster!!)

BUCH - Die gute Erde (Pearl S Buck)

Und das nur einmal!! Also kein Pink Floyd, Beatles, Sade, Einer flog über das Kuckucksnest, Shining etc etc... Nur einmal, lach... Leute, ihr braucht kein Grammy oder Oscar, ihr habt nun den Goldenen Gerd Award gewonnen, hahahaha.... Ja, und meine Queen S.K. würde ich sehr gerne wieder sehen!! Siehe z.B. bei "Danach"!

Teil 3 mit meiner Konzert-Abteilung...

Gerd Steinkoenig

3 Std. ·

Mit Öffentlich geteilt

Konzert gesehen, KL, Barbarossahalle, 1987 oder 86... Das war das letzte I-Pünktchen mit all meinen Konzertaufzählungen (glaub ich...)

TOP TEN: The Best Songs Of Status Quo   https://youtu.be/zD711GscoLU

Mal wieder ein Link... 2017 bei meinen ersten 7 Büchern hatte ich viele Links von you tube, z.B. bei "Liebe ist alles"...

JOBS!

Beamter, Angestellter, Arbeiter, Selbsständiger, 1 Euro-Jobber, Arbeitloser, momentan Stilllegung...

Featuring Groß- und Außenhandelskaufmann (Ausbildung KL), Mittlere Verwaltungslaufbahn (JVA Mannheim, Ausbildung), Seniorenbetreuer (Pflegeschule LD, Ausbildung).

Inklusiv Verkäufer, Lagerist, Materialverwalter, Bürokrat, Eigentumswohnungsverkäufer,

Versicherungsverkäufer, Einlasskontrolleur, TV-Moderator/Produzent, Call-Center-Agent etc etc und natürlich Großhandelskaufmann, Verwaltungsbeamter, Seniorenbetreuer.

Von Firma Hornung KL, Kopp & Krauss KL, Schmidt & Breugg Landstuhl bis Firma Astra MA/FFM, Iduna KL, OK-KL, Seniorenheim Annweiler etc etc...

Ach ja, Bundeswehr Gerolstein!! W 15 von Oktober 1978 bis Dezember 1979: Fernschreiber (inkl. Wintex).

Gerd Steinkoenig

59 Min. ·

Mit Öffentlich geteilt

Zum 4. Versuch mein Titelbild zu meinem Nichtbuch! Ich hatte 25 ISBN-Bücher (seht Videos bei fb, yt) komplett alles. Und dann eben DAS Buch mit Biografie, Menschen, Musik, Momentume etc! Ich bin noch in Arbeit, aber der Titel heißt: Später ohne Buch! (Zum 3. Versuch)

9. NOVEMBER

60. Geburtstag am 9. November 2019! War anders als gedacht mit 60... Und was hätte ich gedacht mit 18 oder 25 Jahren an 60... Gott sei Dank bin ich normal, lach... Keine Helene Fischer, kein Florian Silbereisen, brrrr....

9.11.2019 - 60. Geburtstag vom Autor

9.11.1989 - 30. Geburtstag vom Mauerfall

9.11.1919 - 100. Geburtstag vom 1. Tag der Weimarer Republik

Was alles war am 9. November... Reichskristallnacht 1938... Geburtstag von Andreas Brehme (9.11.60, WM 1990-Finalschütze)...

.... aaah, Fehler!! Es war am 9.11.1918!! Dank Wikipedia!

9. November 1918 – Novemberrevolution in Berlin:

Ausrufung der Republik in Deutschland.

Desweiteren: 9. November 1923 – Hitler-Ludendorff-Putsch in München.

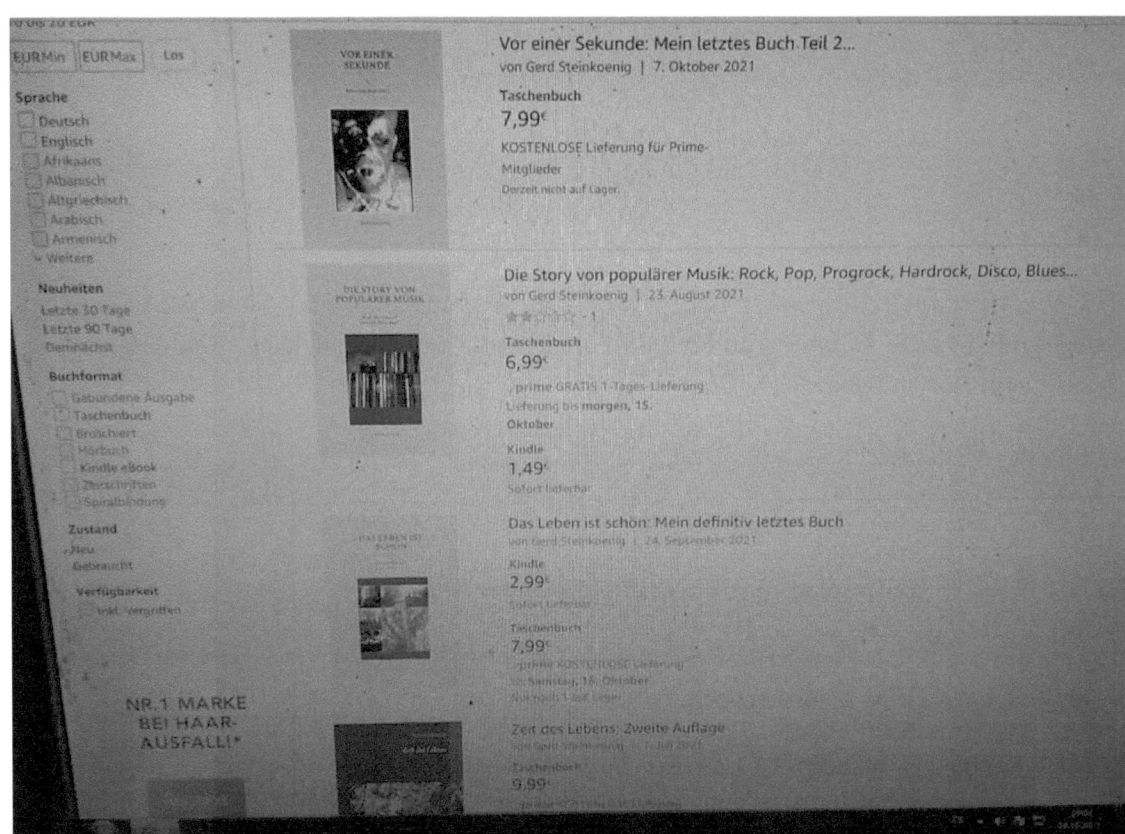

NACHTRAG AM 14. NOVEMBER 2021

Natürlich geht das Leben immer weiter - daher "Später ohne Buch"... Trotzdem muss ich einfach ein bisschen schreiben...

Ich hab eine Freundin (really!! Tatsächlich!!) - aber möchte nichts dazu schreiben! Von Zh Ka... Irgendwo ist sie im Buch mit dabei... Viel Liebe, Vertrauen, Verständnis, Fürsorge - ihre russische Seele... Für immer in meinem Leben von ihr!! Einziger Haken: mal sehen was im Februar ist... Totale Liebe? Enttäuschung? Aber ich bin ja Lebenskünstler... Liebe kann auch Risiko sein, ich war misstrauisch, aber jetzt bin ich dabei - hoffentlich... Wäre schön für meine Sicherheit mit Gesundheit, Zweisamkeit, wir sind ungefähr gleich alt, wie ein Lottogewinn (mit guten Unterhaltungen mit Niveau etc,). Mit positiver Energie hoffe ich mein Happy End... Wenn nicht, dann halt nicht...

Und natürlich MUTTER TEIL 3.... Vorgestern war ich bei Mutter. Viel Gefühl und die gesundheitlichen Veränderungen, möchte aber auch nichts schreiben... Ich sag nur: das letzte Mal gesegen mit Mutter seit 1959, das letzte Mal gesehen mit diesem Elternhaus seit 1972... Viele Erunnerungen, und hatte mit meinem Tablet diverse Fotos, Videos (Straße von Schwedelbach nach Weilerbach etc)... Und Vater war philosophisch auch mit dabei... Hatte noch die Papiere von Vaters Lehrlings-Job gefunden (ab 1949, total Old School mit den Papieren - kenn ich noch aus meinen 70ern...), und das Testament hab ich dann auch dabei... Vieles werde ich nicht mehr sehen, von den uralten Fotoalben oder die verschollene Großvater-Mappe (miss da sein!! Aber wooo???). Gerade an diesem Tag war sehr viel Nebel...

5 Fotos... Mit Lehrgeld von Vater 1949 (war Installateur, aber ab 1955 Polizist), mein ab 1972-Elternhaus/ 2 x, Heim & Welt- Lieblinhslektüre von Oma, TV-Zeitschrift-Shot mit "Der Kommissar" - damals nur ARD, ZDF, Dritte Programme.

3. Für ... rechtswidrig verursachte ...
Lehrling der Inhaber der elter...
dem Lehrling Die Haftung als Se...
Selbstschuldner. nicht ein, als der Lehrherr ...
insoweit durch Vernachlässigung sein...
Schaden oder in sonstige...
Ausbildungspflichten
schuldet hat.

§ 5. Erziehungsbeihilfe

1a. Der Lehrherr gewährt dem Lehrl...
liche Erziehungsbeihilfe. Sie beträgt:

.... 35.– **RM** brutto im 1. ...

. ... 45.– **RM** brutto im 2. ...

.... 55.– **RM** brutto im 3. ...

.... **RM** brutto im 4. ...

wird monatlich im ~~voraus~~ — nachträglic...

Kriminell: Rühmann greift Erik Ode an

Mehr darüber lesen Sie auf Seite 12

Damit rächt sich Tony nachts an Margaret

Die ganze Nachbarschaft wird wach / Seite 12

JACKIES Tagebuch schockiert

Nicht nur Onassis zittert / Seite 13

Heim und Welt
50 PFG.
DIE WOCHENZEITUNG FÜR ALLE
23. Jahrgang   Nr. 11   10. März 1970   H 3608 C

Grit Böttchers neue Liebe!

Frank Sinatra: Sensation im Gerichtssaal

Der Star erregt Aufsehen / Seite 13

So wird das Wetter im Sommer 1970

Giftmord aus

.PROGRAMM

.45 Heute

.15 Der Kommissar
Kriminalserie von Herbert Reinecker
Heute: »Fluchtwege«

Kommissar Keller	Erik Ode
Grabert	Günther Schramm
Helmes	Reinhard Glemnitz
Klein	Fritz Wepper
Fräulein Rehbein	Helma Seitz
Gabriele	Monica Bleibtreu
Harald	Joachim Ansorge
Steinhoff	Karl Lange
Anna	Ursula Grabley
Gerd	Mathias Seinmelnagge
Bettina	Michael Toost
Frau Balde	Eva-Ingeborg Scholz
Frau Hille	Dinah Hinz
Wegener	Robert Naegele
Frau Denz	Franziska Liebing

Szenenbild: Wolf Englert und Margret Fingart. — Regie: Wolfgang Becker

Lesen Sie dazu bitte Seite 162

Kurznachrichten

.15 Erkennen Sie die Melodie?
Heiteres musikalisches Ratespiel mit Ernst Stankovski und den Kandidaten Friedrich Geck, Christine Jordan, Rainer Schuch
Mit Helga Papouschek, Günther Frank, Jeanette Scovotti, Carol Wyatt, Freddy Quinn
Regie: Klaus Überall
Quizlösungen: ZDF-Redaktion »Erkennen Sie die Melodie«, 65 Mainz 900

.15 Tagebuch
Aus der katholischen Kirche

.30 Nachrichten — Wetter —
Kommentar

.45 Neues vom Film
Kinobummel mit Martin Büchner

ROGRAMM

Nord 3
... Tagesschau —
...etter

Das Porträt:
...obeth Flicken-
...dt
...ionen auf Worte
... von Günter An-
... Pase

...Auslands-
...port
...nge es nach Tra-
...gbin 25 Jahre un-
...bhängiges Indien. Film
...Savina Sundaram
...dem Ende der engli-
... Kolonialherr-
...y bestimmt die
...politischen Kampf
...gegenwart der den
...Mehrheitskampf
... Erfolg... gekrönt
... das politische Le-
...leben. Die Ver-
...chtungen einer ver-
...schichte Gesell-
...schaftslos und einer
...sozialismus ebenso für die
...t Armen auf dem
...ben Subkontinent
...moch nicht ganz
...schichten — Fort-
...die minischaftlic
...er Gebiet noch nicht
...schicken wieder...
...rbeit 21.45)

Hessen 3
20.00 Tagesschau. Wet-
ter. — 21.15 Jean-Renoir-
Retrospektive: **Nana.**
Stummfilm, Frankreich
1926. Buch: Pierre Lestring-
query nach dem gleichnami-
gen Roman von Emile Zola.
Mit Catherine Hessling,
Jean Angelo, Werner
Krauss, Raymond Guerin-
Catelain, Jaqueline Forzane
und anderen. Kamera: Jean
Bachelet. Ausstattung:
Claude Autant-Lara. Regie:
Jean Renoir (Mit deutschen
Zwischentiteln). Renoir er-
hielt in seinem zweiten
Spielfilm vor allem die bur-
lesken und komischen Ele-
mente des Zola-Stoffes her-
aus.

Südwest 3
20.00 Tagesschau. —
20.15 Index. Magazin mit
Daten, Fakten und Tenden-
zen der Wirtschaft. — 21.00
Uncle Sam. Satirische
Szene über Amerika. —
21.30 Sind Schulmäd-
chen wirklich so? Filme-
port und Meinungen gegen-
übergestellt von Horst
Czerpka

20.15
DER KOMMISSAR
Fluchtwege
**Erst ein Routinefall,
dann eine
Mordaffäre**

Ein junges Mädchen
flüchtet aus dem Er-
ziehungsheim. Zunächst
nur eine reine Routine-
sache, lediglich ein Fall
für die Landpolizei.
Dann eine Mordaffäre
— und Kommissar Keller
muß sich einschalten.
Die Indizien sind verwir-
rend. Welche Rolle
spielt ein Millionär? Er
und sein Sohn Harald
tun Dinge, die der Kripo
nicht gerade angenehm
sein können.

Links: Gabriele (Monica Bleibtreu) auf der Flucht aus dem Erziehungsheim. Rechts: Millionär Steinhoff (Karl Lange) weiß mehr, als er beim Verhör der Kripo aussagt

Oben: ...drohen Harald (Joachim Ansorge, l.) ... Gabriele bei ... Links: Klein (Fritz Wep-per) ... Reinhard Glemnitz ... Mathias Anna ... l.) im Gespräch aus

Links: Mit Ernst Stankovski bitten zum musikalischen Preisrätsel: Helga Papouschek (l.) und Günther Frank (r.). Beide sind in Sachen Operette gut bekannt. Unten: Jeanette Scovotti vertritt heute beim Ratespiel die Oper

21.15 Erkennen Sie
die Melodie?

Oben: Freddy Quinn (l.) bringt mit Carol Wyatt (r.) Melodien aus einem bekannten Musical. Aber — wer erkennt es? Jeder darf mitraten

Neues vom Film
22.45

Oben: Kinobummler Martin Büttner (Foto) über seine Sendung: »Auch Pro-duktionen, die keinen finanziellen Er-folg versprechen, werden vorgestellt. Entscheidend ist die Qualität. Heute ist u. a. ein Beitrag über Film-Bücher geplant, die kürzlich auf der Frankfur-ter Buchmesse ausgestellt waren

101